30 Grados en Bypass

Dr. A. H. Yurvati

Yurvati Legacy Press
www.yurvatibooks.com
info@yurvatibooks.com

Índice

Capítulo 1 1

Capítulo 2 2

Capítulo 3 6

Capítulo 4 9

Capítulo 5 22

Capítulo 6 28

Capítulo 7 36

Capítulo 8 45

Capítulo 9 55

Capítulo 10 61

Capítulo 11 64

Capítulo 12 67

Epílogo 70

A mi encantadora esposa, Sharon. Sin su orientación, estímulo y amor, no habría tenido una carrera tan exitosa. A mis amigos, colegas, residentes y estudiantes con los que he tenido el placer de crecer, trabajar o enseñar. Si te identificas en mi libro, es porque te cruzaste conmigo de una manera especial. Por último, a todos mis pacientes que confiaron en mí para que les cuidara en su momento más vulnerable -salvé a muchos, a otros no pude-: siempre di lo mejor de mí.

Capítulo 1

Espero que os hayan gustado mis dos primeros libros: *Wet My Hands* y *This to Me*. He podido transferir los derechos de autor al fondo general de becas de TCOM y la Universidad de Strathclyde, así que os doy las gracias por vuestras compras. El tercer libro, 30 Degrees on Bypass, será una continuación del viaje de mi vida con las Parcas. Volveré sobre secciones que presenté en el libro uno y dos con más profundidad. Prosigamos y veamos si las Parcas siguen interfiriendo en mi.

Capítulo 2

Justo cuando pensaba que las Parcas estaban ocupadas con otras actividades, volvieron. Tenía un fuerte dolor en el hombro izquierdo y pensé que se trataba del manguito de los rotadores. Consulté a un especialista en articulaciones ortopédicas y, efectivamente, había una degeneración significativa de la articulación, hueso contra hueso, no era el manguito de los rotadores. El Dr. Andrew recomendó una sustitución total del hombro. La causa eran las altas dosis de esteroides que recibía con la quimioterapia. La dexametasona es un corticosteroide de uso común en humanos y animales domésticos, especialmente en el tratamiento de afecciones dolorosas. Cuando se sometió a las células del cartílago articular a dexametasona, se inhibió la proliferación celular. Aún más significativo fue el hecho de que la dexametasona indujo la apoptosis celular. La apoptosis es una forma de muerte celular programada. En pocas palabras, la dexametasona provocó la muerte prematura de los condrocitos.

El mecanismo por el que Los corticosteroides lo hacen probablemente bloqueando los efectos antiapoptóticos del factor de crecimiento similar a la insulina (IGF-1).

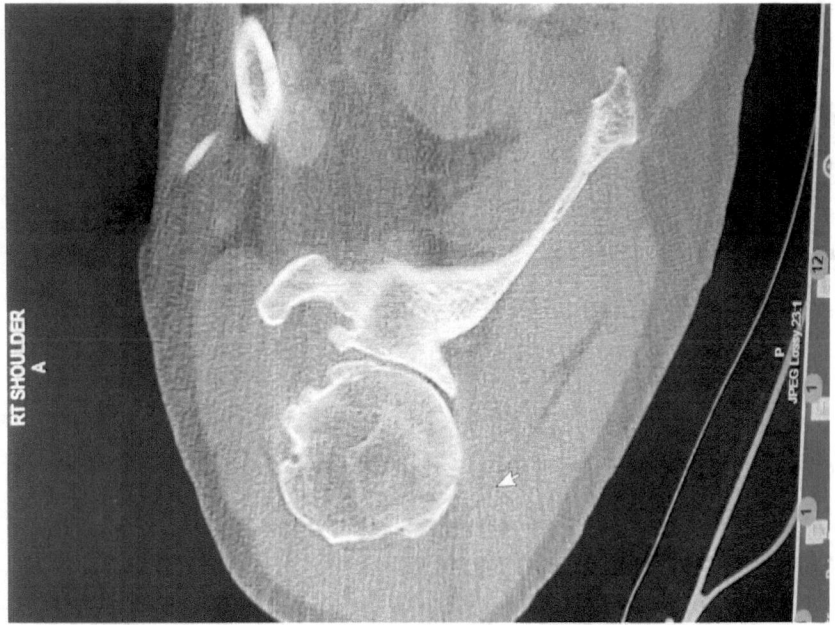

Me sometí a una artroplastia total de hombro. El bloqueo escaleno duró cuarenta y ocho horas, así que no dolor postoperatorio. El único problema fue llevar un cabestrillo y no conducir durante dos semanas. Afortunadamente, Lara vino desde Washington para ayudarnos durante dos semanas; fue un ángel. Tuve una complicación postoperatoria no relacionada con la sustitución del hombro. Tuve un fallo agudo del ventrículo derecho, me ingresaron y la diuresis me quitó 15 libras de agua.

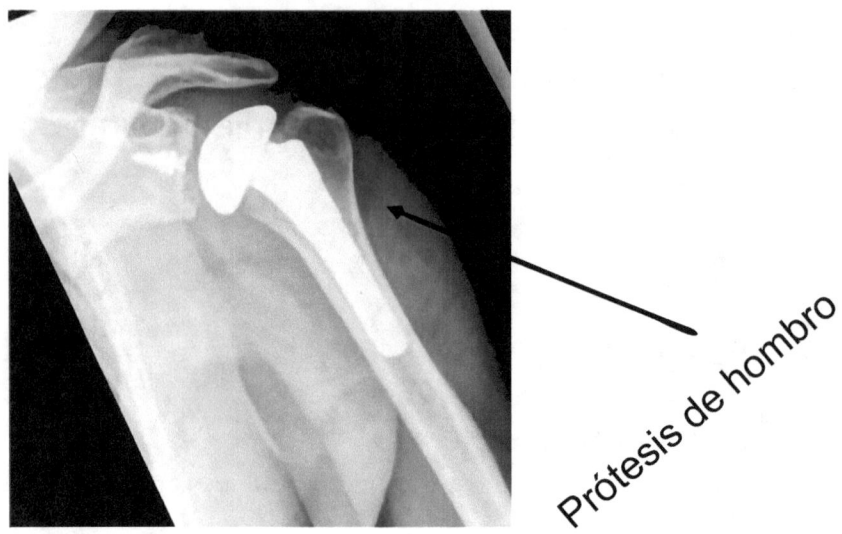

Prótesis de hombro

Bueno, las Parcas se llevaron , pero mi recuperación ha sido estupenda. Estaba conduciendo y tenía una mayor amplitud de movimiento. Desafortunadamente, necesitamos evaluar el hombro derecho.

Hice un uso excesivo durante mi recuperación y ahora tengo los mismos síntomas. Así que me someteré a una sustitución del hombro derecho en abril. Todo fue bien con el segundo implante. Eso fue hasta que intervino el destino. Tenía fuertes dolores en ambos manguitos rotadores mientras flotaba en la piscina con un fideo. Al principio pensé que era capsulitis, pero se trataba de desgarros bilaterales del manguito rotador.

Eso significó la extirpación con conversión a un implante total. El lado derecho se completó en octubre de 2023. El lado izquierdo se rehizo en febrero de 2024.

El destino me ha vuelto a pillar; la prótesis del hombro izquierdo está floja y quiere hacer una tercera revisión. No sé si el resultado final será un aumento de la amplitud de movimiento.

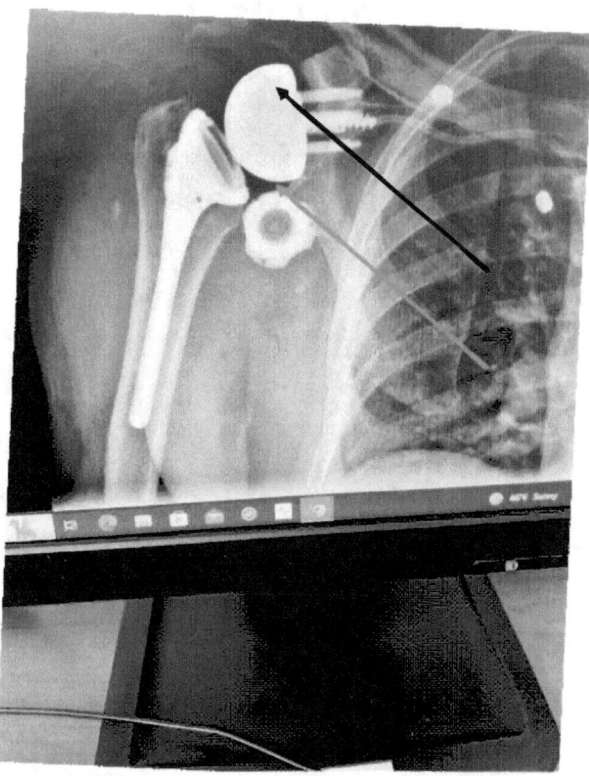

Capítulo 3

El destino no deja de burlarse de mí. La semana antes de Navidad desarrollé una flebitis séptica en la mano derecha. Me puse séptico y me ingresaron con tres antibióticos intravenosos en estado de shock séptico. Tuvieron que operarme de la mano para drenar el flemón. Un flemón es diferente de un absceso, ya que no hay una pared que lo contenga. Un flemón simplemente destruye el tejido. Obtuve un alivio inmediato y me curé por completo en tres semanas.

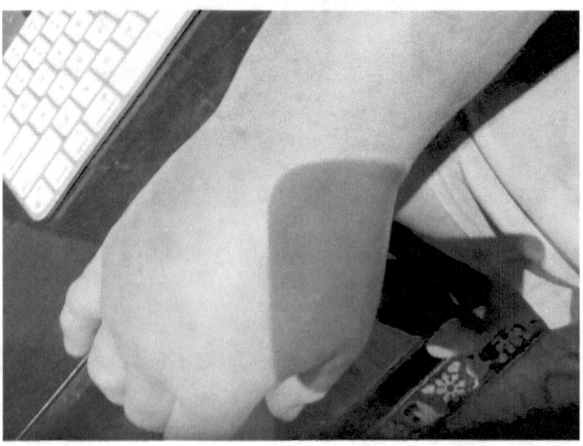

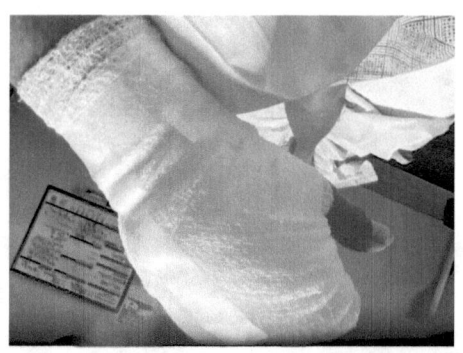

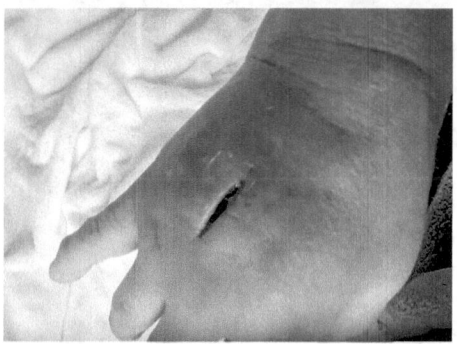

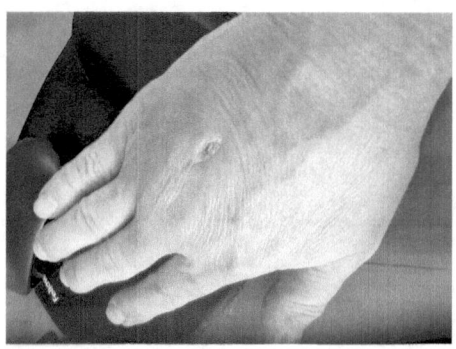

Completamente curado, ahora tengo mis primeros estigmas: supongo que toda esa educación católica se está cumpliendo.

No te vas a creer, pero me ha pasado lo mismo en la mano izquierda. Ahora tengo dos estigmas.

Stigmata

Capítulo 4

Escuela primaria

Muchas parroquias católicas tenían escuelas primarias asociadas a la iglesia de origen. Creo que era una forma de adoctrinar en el catolicismo. Nos matricularon en el colegio del Sagrado Corazón, construido en 1905.

Colegio del Sagrado Corazón

Caminábamos desde el 922 de North Fifth Street hasta el 325 de N Fourth Street todos los días de clase, lloviera, hiciera sol o nevara; la distancia era de 1,7 millas en cada sentido. No teníamos autobuses ni coches compartidos.

Un compañero de instituto, Jim, era el director del Sagrado Corazón; estaba en el desván y encontró una caja con boletines de notas. Se puso en contacto conmigo y me preguntó si quería copias. Para mi sorpresa, me envió los originales firmados por las monjas, ¡incluidas dos de las Parcas!

Grado1 Traslado de Washington (escuela pública) a Sagrado Corazón

LAST NAME							FIRST NAME AND INITIALS			
Yurwati							Albert	B.		A

PUPIL'S REPORT FOR YEAR ENDING JUNE 30, 1962

NUMBER OF SESSIONS	PERIOD 1	2	3	TERM TOTAL	PERIOD 1	2	3	TERM TOTAL
PRESENT				140	50	65	58	173
ABSENT				0	8	5	4	17
LATE				0	0	0	0	0

TRAITS	7 WKS.	13 WKS.	1st TERM	7 WKS.	13 WKS.	2nd TERM
COOPERATION			B+	B+	B+	B
SELF-CONTROL			B	B+	B	B
PERSEVERANCE			B	B	B	B
COURAGE			B	B	B	B
PROMPTNESS			B+	B	B	B
ORDERLINESS			B	B	B	B
HEALTH HABITS			B+	B+	B	B

SUBJECTS	7 WKS.	13 WKS.	1st TERM	7 WKS.	13 WKS.	2nd TERM
ENGLISH ORAL			80	80	80	80
WRITTEN						
READING			80	80	80	85
SPELLING				80	75	80
SOCIAL STUDIES HISTORY						
GEOGRAPHY						
CIVICS						
ARITHMETIC			25	70	70	75
HANDWRITING			80	80	75	80
NATURE STUDY						
ART			80	80	80	80
MUSIC			80	80	80	80
INDUSTRIAL ARTS						
CLOTHING INSTRUCTION			85	85	80	85
PHYSICAL EDUCATION						
HEALTH EDUCATION					80	
GENERAL ESTIMATE						

ITEMS NEEDING SPECIAL ATTENTION	PERIOD 1	2	3	PERIOD 1	2	3
REGULARITY OF ATTENDANCE						
HABITS OF THOROUGHNESS			80	80	80	85
HABITS OF ATTENTION			80	80	85	85
HABITS OF HOME STUDY			80	80	85	85

SUMMARY OF SESSIONS ABSENT

1—UNEXCUSED ABSENCE APPLIES TO ALL PUPILS.

2—UNLAWFUL ABSENCE APPLIES ONLY TO PUPILS OF COMPULSORY SCHOOL AGE. THIS SHOULD BE INTERPRETED AS THE TIME OF ENTRY INTO SCHOOL (A GRADE, NOT KINDERGARTEN) WHICH SHALL BE NOT LATER THAN THE AGE OF EIGHT YEARS, UNTIL THE AGE OF SEVENTEEN YEARS.

3—IF DURING A TERM THE PUPIL IS PROMOTED KINDERGARTEN TO FIRST GRADE OR BECOMES 7 YEARS OF AGE, THE SESSIONS ABSENT ARE TO BE DISTRIBUTED UNDER TWO HEADINGS, COMPULSORY AGE AND NON-COMPULSORY AGE.

4—IN SUMMARIZING CAUSES OF ABSENCE THE VERIFIED REPORT IS TO BE TAKEN IN PREFERENCE TO THE TEACHER RECORD. IF NO VERIFIED REPORT HAS BEEN MADE, THE TEACHER RECORD IS TO BE TAKEN.

5—THE TERM AND YEAR TOTALS MUST AGREE WITH THE TERM AND YEAR TOTALS ON THE PUPIL'S REPORT.

SESSIONS OF ABSENCE	NON-COMP. AGE TERM END. JAN.	TERM END. JUNE	COMP. AGE TERM END. JAN.	TERM END. JUNE	TOTAL FOR YEAR
EXCUSED		0		12	12
PARENTAL NEGLECT					
ILLEGAL EMPLOYMENT					
TRUANCY					
TOTAL		0		12	12
NUMBER OF SESSIONS					
NUMBER OF TIMES REPORTED FOR VERIFICATION					

REMARKS: Admitted October 9, 1961

ROUTINE MEDICAL EXAMINATION

DATE EXAMINED	PHYSICAL DEFECTS RECOMMENDED FOR TREATMENT	DATE TREATED

NOTE: AT THE END OF THE SCHOOL YEAR ONE OF THE FOLLOWING THREE ENTRIES SHOULD HAVE BEEN MADE.

1—"DATE AND NONE" IF NO DEFECTS WERE RECOMMENDED BY THE SCHOOL PHYSICIAN FOR TREATMENT.

2—DATE AND DEFECTS RECOMMENDED FOR TREATMENT BY SCHOOL PHYSICIAN, AND DATES OF TREATMENTS IF ANY.

3—"NO EXAMINATION" IF FOR ANY REASON THE EXAMINATION WAS OMITTED.

C 91

Grado 2

LAST NAME							FIRST NAME AND INITIALS				
Yurvati							Albert H.				

PUPIL'S REPORT FOR YEAR ENDING JUNE 30, 1968

SUMMARY OF SESSIONS ABSENT

NUMBER OF SESSIONS	PERIOD 1	2	TERM TOTAL	PERIOD 3	4	TERM TOTAL
PRESENT	88	80	168	92	100	192
ABSENT	0	0	0	0	0	0
LATE	0	0	0	0	0	0

TRAITS	FIRST QUARTER	FIRST TERM	THIRD QUARTER	SECOND TERM
COOPERATION	B	B	A	A
SELF-CONTROL	B	B	B	A
PERSEVERANCE	B	B	A	A
COURAGE	B	B	B	A
PROMPTNESS	B	B	A	A
ORDERLINESS	B	B	B	A
HEALTH HABITS	B	B	B	A

SUBJECTS		FIRST QUARTER	FIRST TERM	THIRD QUARTER	SECOND TERM
ENGLISH	ORAL	86	88	91	92
	WRITTEN	86	89	90	92
	READING	78	81	90	90
	SPELLING	86	86	95	94
SOCIAL STUDIES	HISTORY	72	76	86	88
	GEOGRAPHY	91	92	92	89
	CIVICS				
ARITHMETIC		77	80	87	87
SCIENCE		75	80	86	90
HANDWRITING		78	79	85	90
ART		80	88	86	86
MUSIC		82	80	85	90
Religion		85	88	90	90
PHYSICAL EDUCATION					
HEALTH EDUCATION		70	75	80	85
GENERAL AVERAGE					

ITEMS NEEDING SPECIAL ATTENTION	PERIOD 1	2	PERIOD 3	4
HABITS OF THOROUGHNESS	90	91	92	90
HABITS OF ATTENTION	80	90	92	90
HABITS OF HOME STUDY	85	85	90	91
READING LEVEL—G. E.	7.4	8.4		

SESSIONS OF ABSENCE	NON-COMP. TERM END. JAN.	JUNE	COMP. AGE TERM END. JAN.	JUNE	TOTAL FOR YEAR
EXCUSED			0	0	0
PARENTAL NEGLECT					
ILLEGAL EMPLOYMENT					
TRUANCY					
TOTAL			0	0	0
NUMBER OF SESSIONS					
NUMBER OF TIMES REPORTED FOR VERIFICATION					

REMARKS: 105 - 62 - 6 - 61 - 6

TEACHER'S SIGNATURE

Sr. M. St. Raymund

TESTING PROGRAM

DATE	NAME OF TEST	FORM	RESULTS
9/26/67	Cath. Messenger		Voc. 84 Read 6.8
11/67			24
1/12/68	Catholic Messenger		Voc. 86 Read 8.3
2-1-68	Otis Lennon Ability	G	105 - 62 - 6 - 61 - 6

Grado 3

LAST NAME
Yurvati,

FIRST NAME AND INITIALS
Albert H.

PUPIL'S REPORT FOR YEAR ENDING JUNE 30, 1967

NUMBER OF SESSIONS	PERIOD 1	2	TERM TOTAL	PERIOD 3	4	TERM TOTAL
PRESENT	92	82	174	88	98	186
ABSENT	—	—	—	—	—	—
LATE	—	—	—	—	—	—

SUMMARY OF SESSIONS ABSENT

1—UNEXCUSED ABSENCE APPLIES TO ALL PUPILS.

2—UNLAWFUL ABSENCE APPLIES ONLY TO PUPILS OF COMPULSORY SCHOOL AGE. THIS SHOULD BE INTERPRETED AS THE TIME OF ENTRY INTO SCHOOL (A GRADE, NOT KINDERGARTEN) WHICH SHALL BE NOT LATER THAN THE AGE OF EIGHT YEARS, UNTIL THE AGE OF SEVENTEEN YEARS.

3—IF DURING A TERM THE PUPIL IS PROMOTED FROM KINDERGARTEN TO FIRST GRADE OR BECOMES 7 YEARS OF AGE, THE "SESSIONS ABSENT" ARE TO BE DISTRIBUTED UNDER TWO HEADINGS, "COMPULSORY AGE" AND "NON-COMPULSORY AGE."

4—IN SUMMARIZING CAUSES OF ABSENCE THE "VERIFIED REPORT" IS TO BE TAKEN IN PREFERENCE TO THE "TEACHER RECORD." IF NO "VERIFIED REPORT" HAS BEEN MADE, THE "TEACHER RECORD" IS TO BE TAKEN.

5—THE TERM AND YEAR TOTALS MUST AGREE WITH THE TERM AND YEAR TOTALS ON THE PUPIL'S REPORT.

TRAITS	FIRST QUARTER	FIRST TERM	THIRD QUARTER	SECOND TERM
COOPERATION	B+	A	A	A
SELF-CONTROL	B	A	A	A
PERSEVERANCE	B	A	A	A
COURAGE	B	A	A	A
PROMPTNESS	B+	A	A	A
ORDERLINESS	B+	A	A	A
HEALTH HABITS	B+	A	A	A

SUBJECTS		FIRST QUARTER	FIRST TERM	THIRD QUARTER	SECOND TERM
ENGLISH	ORAL	75	86	88	89
	WRITTEN	85	90	90	86
	READING	90	90	92	90
	SPELLING	90	88	90	90
SOCIAL STUDIES	HISTORY	85	92	91	92
	GEOGRAPHY	85	90	91	91
	CIVICS				
ARITHMETIC		82	86	88	87
SCIENCE		87	90	94	95
HANDWRITING		75	80	80	82
ART		75	80	80	82
MUSIC		80	85	85	85
Religion		87	90	90	91
PHYSICAL EDUCATION					
HEALTH EDUCATION		85	87	90	90
GENERAL AVERAGE					

SESSIONS OF ABSENCE	NON-COMP. AGE TERM END. JAN	JUNE	COMP. AGE TERM END. JAN	JUNE	TOTAL FOR YEAR
EXCUSED	—	—	—	—	—
PARENTAL NEGLECT					
ILLEGAL EMPLOYMENT					
TRUANCY					
TOTAL	—	—	—	—	—
NUMBER OF SESSIONS					
NUMBER OF TIMES REPORTED FOR VERIFICATION					

REMARKS:

ITEMS NEEDING SPECIAL ATTENTION	PERIOD 1	2	PERIOD 3	4
HABITS OF THOROUGHNESS	90	90	90	95
HABITS OF ATTENTION	90	90	96	95
HABITS OF HOME STUDY	90	90	90	95
READING LEVEL—G.E.	2.4	7.4	7.4	

TEACHER'S SIGNATURE

Sr. Constantia

TESTING PROGRAM

DATE	NAME OF TEST	FORM	Voc. Read. RESULTS	G.E.
12-18-66	Flaum	Fall	6.0 6.1	7.4
12-1-66	Stanford Achievement	W	75 73	7.4
1-25-67	Flaum	Winter	78 7.1	7.4
5-8-67	"	Spring		

Grado 4: ¡Uno de los destinos!

Grado 5: ¡Uno de los destinos!

Grado 6

LAST NAME						FIRST NAME AND INITIALS		
Yurvati						Albert		

PUPIL'S REPORT FOR YEAR ENDING JUNE 30, 1954

NUMBER OF SESSIONS	PERIOD 1	2	3	TERM TOTAL	PERIOD 1	2	3	TERM TOTAL
PRESENT	86	70	156	86	149	173		
ABSENT	—	2	2	—	8	8		
LATE								

TRAITS	7 WKS.	13 WKS.	1st TERM	7 WKS.	13 WKS.	2nd TERM
COOPERATION	a	B	B	B	B	B
SELF-CONTROL	B	B	B	B	B	a
PERSEVERANCE	B	B	B	B	B	B
COURAGE	B	B	B	B	B	B
PROMPTNESS	B	B	a	a	a	a
ORDERLINESS	B	B	B	a	a	a
HEALTH HABITS	a	a	a	a	a	a

SUMMARY OF SESSIONS ABSENT

1—UNEXCUSED ABSENCE APPLIES TO ALL PUPILS.

2—UNLAWFUL ABSENCE APPLIES ONLY TO PUPILS OF COMPULSORY SCHOOL AGE. THIS SHOULD BE INTERPRETED AS THE TIME OF ENTRY INTO SCHOOL (A GRADE, NOT KINDERGARTEN) WHICH SHALL BE NOT LATER THAN THE AGE OF EIGHT YEARS, UNTIL THE AGE OF SEVENTEEN YEARS.

3—IF DURING A TERM THE PUPIL IS PROMOTED FROM KINDERGARTEN TO FIRST GRADE OR SECOND YEAR OF AGE, THE SESSIONS ABSENT ARE TO BE DISTRIBUTED UNDER TWO HEADINGS, "COMPULSORY AGE" AND "NON-COMPULSORY AGE."

4—IN SUMMARIZING CAUSES OF ABSENCE THE "VERIFIED REPORT" IS TO BE TAKEN IN PREFERENCE TO THE "TEACHER RECORD." IF NO VERIFIED REPORT HAS BEEN MADE, THE "TEACHER RECORD" IS TO BE TAKEN.

5—THE TERM AND YEAR TOTALS MUST AGREE WITH THE TERM AND YEAR TOTALS ON THE PUPIL'S REPORT.

SESSIONS OF ABSENCE	NON-COMP. TERM END. JAN.	JUNE	COMP. AGE TERM END. JAN.	JUNE	TOTAL FOR YEAR
EXCUSED			2	8	10
PARENTAL NEGLECT					
ILLEGAL EMPLOYMENT					
TRUANCY					
TOTAL					
NUMBER OF SESSIONS					
NUMBER OF TIMES REPORTED FOR VERIFICATION					

SUBJECTS	7 WKS.	13 WKS.	1st TERM	7 WKS.	13 WKS.	2nd TERM
ENGLISH ORAL	25	21	80	84	86	85
WRITTEN	86	85	84	85	85	85
READING	85	85	82	85	82	87
SPELLING	86	85	90	89	90	92
SOCIAL STUDIES HISTORY	83	80	85	85	85	85
GEOGRAPHY	78	80	83	85	86	87
CIVICS						
ARITHMETIC	70	73	75	75	72	75
HANDWRITING	80	80	80	80	82	83
NATURE STUDY	86	85	80	80	83	84
ART	85	85	86	86	82	83
MUSIC	85	85	87	87	82	80
INDUSTRIAL ARTS						
CLOTHING INSTRUCTION	87	85	89	92	85	89
PHYSICAL EDUCATION						
HEALTH EDUCATION	80	80	85	85	85	85
GENERAL ESTIMATE						

REMARKS: Mrs. Elizabeth B. Berman

ITEMS NEEDING SPECIAL ATTENTION	PERIOD 1	2	3	PERIOD 1	2	3
REGULARITY OF ATTENDANCE						
HABITS OF THOROUGHNESS	80	80	85	85	85	85
HABITS OF ATTENTION	80	80	82	80	85	85
HABITS OF HOME STUDY	85	85	85	85	85	85

ROUTINE MEDICAL EXAMINATION

DATE EXAMINED	PHYSICAL DEFECTS RECOMMENDED FOR TREATMENT	DATE TREATED

NOTE: BY THE END OF THE SCHOOL YEAR ONE OF THE FOLLOWING THREE ENTRIES SHOULD HAVE BEEN MADE.

1—DATE AND WORK IF NO DEFECTS WERE RECOMMENDED BY THE SCHOOL PHYSICIAN FOR TREATMENT.

2—DATE AND DEFECTS RECOMMENDED FOR TREATMENT BY SCHOOL PHYSICIAN, AND DATES OF TREATMENTS IF ANY.

3—"NO EXAMINATION" IF FOR ANY REASON THE EXAMINATION WAS OMITTED.

7º curso

LAST NAME						FIRST NAME AND INITIALS	
Yurvati, Albert H.							

PUPIL'S REPORT FOR YEAR ENDING JUNE 30, 1963

NUMBER OF SESSIONS	PERIOD			TERM TOTAL	PERIOD			TERM TOTAL
	1	2	3		1	2	3	
PRESENT	57	47	56	160	4	61	60	164
ABSENT	3	1	0	4	15	8	0	23
LATE	0	0	0	0	0	0	0	0

TRAITS	7 WKS.	13 WKS.	1ST TERM	7 WKS.	13 WKS.	2ND TERM
COOPERATION	B	B	B	B	B+	B+
SELF-CONTROL	A	A	A	B	A	A
PERSEVERANCE	A	A	A-	B	B+	A
COURAGE	A	A	A-	A	A	A
PROMPTNESS	B	B+	B	B	A	A
ORDERLINESS	B-	B-	B	B	B	B
HEALTH HABITS	A	A	A-	A	A	A

SUBJECTS		7 WKS.	13 WKS.	1ST TERM	7 WKS.	13 WKS.	2ND TERM
ENGLISH	ORAL	80	80	80	85	85	85
	WRITTEN						
	READING	80	80	85	85	85	85
	SPELLING	80	80	85	80	80	85
SOCIAL STUDIES	HISTORY						
	GEOGRAPHY						
	CIVICS						
ARITHMETIC		75	70	70	65	75	75
HANDWRITING		75	75	90	90	90	80
science NATURE STUDY		70	75	75	70	75	80
ART		70	75	75	80	80	80
MUSIC		70	75	75	75	80	80
INDUSTRIAL ARTS Religion CLOTHING INSTRUCTION		80	80	80	80	85	85
PHYSICAL EDUCATION							
HEALTH EDUCATION				80	85	85	90
GENERAL ESTIMATE							

ITEMS NEEDING SPECIAL ATTENTION	PERIOD			PERIOD		
	1	2	3	1	2	3
REGULARITY OF ATTENDANCE						
HABITS OF THOROUGHNESS	75	75	90	80	80	80
HABITS OF ATTENTION	85	85	85	80	85	85
HABITS OF HOME STUDY	80	85	95	85	85	85

Sr. Maria Angelina

SUMMARY OF SESSIONS ABSENT

1—UNEXCUSED ABSENCE APPLIES TO ALL PUPILS.

2—UNLAWFUL ABSENCE APPLIES ONLY TO PUPILS OF COMPULSORY SCHOOL AGE. THIS SHOULD BE INTERPRETED AS THE TIME OF ENTRY INTO SCHOOL (A GRADE, NOT KINDERGARTEN) WHICH SHALL BE NOT LATER THAN THE AGE OF EIGHT YEARS, UNTIL THE AGE OF SEVENTEEN YEARS.

3—IF DURING A TERM THE PUPIL IS PROMOTED FROM KINDERGARTEN TO FIRST GRADE OR BECOMES YEARS OF AGE, THE "SESSIONS ABSENT" ARE DISTRIBUTED UNDER TWO HEADINGS. COMPULSORY AGE" AND "NON-COMPULSORY AGE."

4—IN SUMMARIZING CAUSES OF ABSENCE THE "VERIFIED REPORT" IS TO BE TAKEN IN PREFERENCE TO THE TEACHER RECORD. IF NO "VERIFIED REPORT" HAS BEEN MADE, THE "TEACHER RECORD" IS TO BE TAKEN.

5—THE TERM AND YEAR TOTALS MUST AGREE WITH THE TERM AND YEAR TOTALS ON THE PUPIL'S REPORT.

SESSIONS OF ABSENCE	NON-COMP. AGE TERM END.		COMP. AGE TERM END.		TOTAL FOR YEAR
	JAN.	JUNE	JAN.	JUNE	
EXCUSED	14	23			47
PARENTAL NEGLECT					
ILLEGAL EMPLOYMENT					
TRUANCY					
TOTAL	4	23			47

NUMBER OF SESSIONS

NUMBER OF TIMES REPORTED FOR VERIFICATION

REMARKS:

ROUTINE MEDICAL EXAMINATION

DATE EXAMINED	PHYSICAL DEFECTS RECOMMENDED FOR TREATMENT	DATE TREATED

NOTE: BY THE END OF THE SCHOOL YEAR ONE OF THE FOLLOWING THREE ENTRIES SHOULD HAVE BEEN MADE:

1—DATE AND "NONE" IF NO DEFECTS WERE RECOMMENDED BY THE SCHOOL PHYSICIAN FOR TREATMENT.

2—DATE AND DEFECTS RECOMMENDED FOR TREATMENT BY SCHOOL PHYSICIAN, AND DATES OF TREATMENTS IF ANY.

3—"NO EXAMINATION" IF FOR ANY REASON THE EXAMINATION WAS OMITTED.

C 81

Grado 8

LAST NAME					FIRST NAME AND INITIAL		
Yurvati, Albert H.							

PUPIL'S REPORT FOR YEAR ENDING JUNE 30, 1963

NUMBER OF SESSIONS	PERIOD 1	2	3	TERM TOTAL	PERIOD 1	2	3	TERM TOTAL
PRESENT	57	47	56	160	43	61	60	164
ABSENT	3	1	0	4	15	8	0	23
LATE	0	0	0	0	0	0	0	0

TRAITS	7 WKS.	13 WKS.	1ST TERM	7 WKS.	13 WKS.	2ND TERM
COOPERATION	B	B	B	B	B+	B+
SELF-CONTROL	A	A	A	B	A	A
PERSEVERANCE	A	A	A-	B	B+	A
COURAGE	A	A	A-	A	A	A
PROMPTNESS	B	B+	B	A	A	A
ORDERLINESS	B-	B-	B	B	A	B
HEALTH HABITS	A	A	A-	A	A	A

SUBJECTS		7 WKS.	13 WKS.	1ST TERM	7 WKS.	13 WKS.	2ND TERM
ENGLISH	ORAL	80	80	80	85	85	85
	WRITTEN						
	READING	80	80	85	85	85	85
	SPELLING	80	80	85	90	80	85
SOCIAL STUDIES	HISTORY						
	GEOGRAPHY						
	CIVICS						
ARITHMETIC		75	70	70	65	75	75
HANDWRITING		75	75	90	90	90	80
SCIENCE NATURE STUDY		70	75	75	70	75	80
ART		70	75	78	80	80	80
MUSIC		70	75	75	75	80	80
INDUSTRIAL ARTS Religion CLOTHING INSTRUCTION		80	80	80	80	85	85
PHYSICAL EDUCATION							
HEALTH EDUCATION				80	85	85	85
GENERAL ESTIMATE							

ITEMS NEEDING SPECIAL ATTENTION	PERIOD 1	2	3	PERIOD 1	2	3
REGULARITY OF ATTENDANCE						
HABITS OF THOROUGHNESS	75	75	90	80	80	80
HABITS OF ATTENTION	85	85	85	80	85	85
HABITS OF HOME STUDY	90	85	85	85	85	85

SUMMARY OF SESSIONS ABSENT

1—UNEXCUSED ABSENCE APPLIES TO ALL PUPILS.

2—UNLAWFUL ABSENCE APPLIES ONLY TO PUPILS OF COMPULSORY SCHOOL AGE. THIS SHOULD BE INTERPRETED AS THE TIME OF ENTRY INTO SCHOOL (6 GRADE, NOT KINDERGARTEN), WHICH SHALL BE NOT LATER THAN THE AGE OF EIGHT YEARS, UNTIL THE AGE OF SEVENTEEN YEARS.

3—IF DURING A TERM THE PUPIL IS PROMOTED FROM KINDERGARTEN TO FIRST GRADE ON SECOND YEARS OF AGE, THE "SESSIONS ABSENT" ARE DISTRIBUTED UNDER TWO HEADINGS, "COMP" AGE" AND "NON-COMPULSORY AGE."

4—IN SUMMARIZING CAUSES OF ABSENCE THE "VERIFIED REPORT" IS TO BE TAKEN IN PREFERENCE TO THE TEACHER RECORD." IF NO "VERIFIED REPORT" HAS BEEN MADE, THE "TEACHER RECORD" IS TO BE TAKEN.

5—THE TERM AND YEAR TOTALS MUST AGREE WITH THE TERM AND YEAR TOTALS ON THE PUPIL'S REPORT.

SESSIONS OF ABSENCE	NON-COMP. TERM END. JAN.	JUNE	COMP. AGE TERM END. JAN.	JUNE	TOTAL FOR YEAR
EXCUSED	4	23			27
PARENTAL NEGLECT					
ILLEGAL EMPLOYMENT					
TRUANCY					
TOTAL	4	23			27
NUMBER OF SESSIONS					
NUMBER OF TIMES REPORTED FOR VERIFICATION					

REMARKS:

ROUTINE MEDICAL EXAMINATION

DATE EXAMINED	PHYSICAL DEFECTS RECOMMENDED FOR TREATMENT	DATE TREATED

NOTE: BY THE END OF THE SCHOOL YEAR ONE OF THE FOLLOWING THREE ENTRIES SHOULD HAVE BEEN MADE:

1—"DATE AND "NONE" IF NO DEFECTS WERE RECOMMENDED BY THE SCHOOL PHYSICIAN FOR TREATMENT.

2—"DATE AND DEFECTS RECOMMENDED FOR TREATMENT, BY SCHOOL PHYSICIAN, AND DATES OF TREATMENTS IF ANY.

3—"NO EXAMINATION" IF FOR ANY REASON THE EXAMINATION WAS OMITTED.

C 61

18

La aritmética no era mi punto fuerte. Se remonta al primer libro que describe mi época en la escuela primaria. En general, era un estudiante de notable alto, nada mal para la falta de estudio. Me suspendían en caligrafía. Supongo que estaba destinado a ser médico. No estoy seguro de cómo calificaban los hábitos de minuciosidad, los hábitos de atención y los hábitos de estudio en casa. Sobreviví a la escuela primaria y luego a la secundaria.

Aproximadamente un mes después de recibir los boletines de notas, la escuela sufrió un gran incendio. Creo que tengo los únicos boletines originales de todos los graduados.

Incendio en el colegio Sagrado Corazón

El edificio, de 115 años de antigüedad, ha sido derribado, y hay tensiones entre el instituto y la iglesia del Sagrado Corazón sobre a quién pertenece el terreno.

Iglesia del Sagrado Corazón

Alter Boy

Capítulo 5

Secundaria

Fundada en 1926 por el Reverendo Leo Gregory Fink, Allentown Central Catholic High School (ACCHS) se ha expandido desde sus humildes comienzos como Masson Memorial School hasta convertirse en un importante complejo educativo. La adición de Rockne Hall en 1940 y Barry Hall en 1964 completó este centro educativo.

Instituto Católico Central de Allentown

Sala Mason

Sala Rockne

No me fue bien en el . Mi padre me dijo que no había dinero para la universidad, así que debía alistarme en el ejército. Exploré el ejército estadounidense por consejo del Sr. Ritter, el farmacéutico para el que trabajaba, y efectivamente encontré entrenamiento como médico avanzado. El destino hizo que me. Poco sabía yo esa era la mejor dirección y que influiría en mi futuro. Todavía estábamos en guerra en Vietnam, y mi número en la tarjeta de reclutamiento era el 3 (¡!), una garantía estadística segura de ser reclutado. Alistarme parecía mi única opción. Mis resultados en el ASVAB (Examen de Aptitud Vocacional para las Fuerzas Armadas) eran excelentes "según el reclutador", y tenía garantizado un MOS (Especialidad de Ocupación Militar). Elegí el 91C avanzado, Especialista en enfermería práctica. El reclutador vino a casa, se reunió con mis padres y firmamos los papeles que me permitían alistarme. Iba a entrar en el Ejército después de graduarme.

Sin dinero, sin notas (clasificado académicamente en el puesto 203 de 281) la universidad no era una opción.

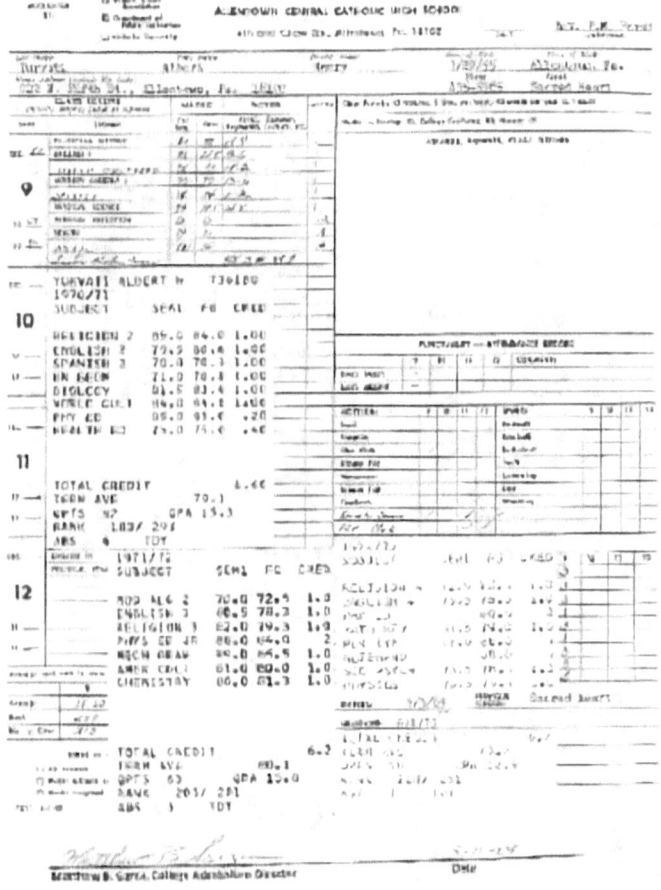

Incluyo mi expediente académico del instituto quería inspirar a los que me siguen. Se pueden revertir los resultados negativos y tener éxito.

En octubre de 2023, celebramos nuestra quincuagésima reunión del instituto; fue la mejor de todas las anteriores.

Cliff y yo

En la foto de arriba estoy con Cliff, que fue capitán de nuestro equipo de fútbol del campeonato estatal de 1973. Cliff ha organizado todas las reuniones desde la graduación; la quincuagésima fue la mejor. En la reunión, un compañero me dijo: "Nunca pensé que fueras muy inteligente". Le contesté sorprendido: "Tengo dos doctorados y tú ninguno, ¡yo gano!

Antes de la reunión, concerté una cita con el director y el departamento de desarrollo del ACCHS. Quería recrear una foto de mi anuario de 1973 cincuenta años después.

1973   2023

Tras la graduación, hicimos un corto viaje a la costa de Nueva Jersey. Poco, dejé Allentown para alistarme en el ejército estadounidense.

Capítulo 6

Recibí órdenes de presentarme en la estación de inducción de Wilkes Barre. Desde entonces, el centro ha cerrado. El cierre se atribuyó a los recortes del presupuesto de defensa y a un descenso del 31% en los alistamientos militares desde 1989. La estación había ofrecido exámenes físicos completos, pruebas de drogas y alcohol, y consultas médicas por parte de médicos locales sin coste alguno para los solicitantes de veintidós condados. La estación también operaba siete equipos móviles de examen, que ofrecían pruebas de aptitud a los solicitantes cerca de sus casas en Allentown, Hazleton, Lewisburg, North Towanda, Pottsville, Stroudsburg y Williamsport. La historia de la estación se remonta a 1942, durante las primeras etapas de la participación de Estados Unidos en la Segunda Guerra Mundial.

Una vez que completamos nuestros exámenes físicos y evaluación, salimos de la estación en autobús hacia Fort Dix, Nueva Jersey. Fort Dix se fundó en 1917 como Camp Dix, en honor del General de División John Adams Dix, que entró en el ejército como cadete de catorce años en la Guerra de 1812 y se licenció como capitán en 1828; más tarde reingresó en el servicio como General de División en la Guerra de Secesión.

A nuestra llegada, los oficiales fueron muy amables y nos dieron la bienvenida al ejército. Nos instalamos en las literas y, a eso de las 05.00 de la mañana siguiente, nos despertó un sargento instructor gritando, pensé que había muerto y me había ido al infierno. Así habían comenzado mis ocho semanas de entrenamiento básico. Marchamos y marchamos y marchamos, aprendimos armas, química y biología, vivac, primeros auxilios y ejercicios y ceremonias, transformando a un civil en un soldado.

Al final de la carretera de Fort Dix está el Deborah Heart and Lung Center, donde en 1919 empecé mi residencia en cirugía cardíaca. Otro enlace de los Destinos.

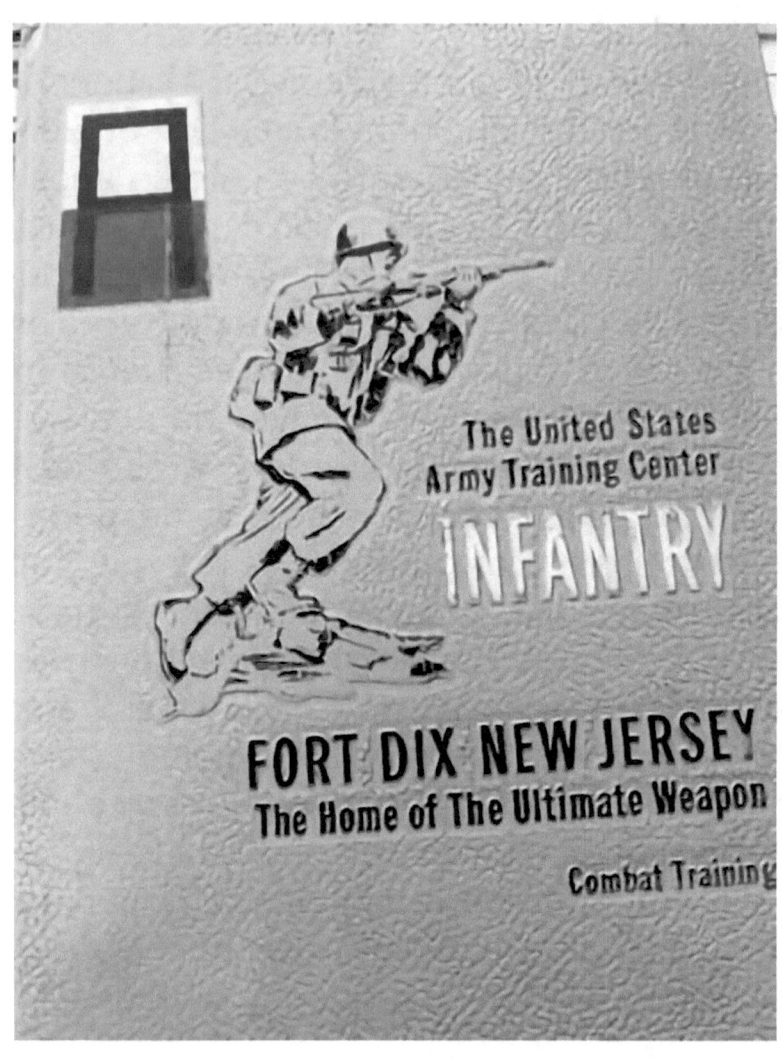

Anuario de Fort Dix 1973

Foto de la formación básica

El arma básica en ese momento era el M-16 A1 carabina.

La munición era OTAN 5.56×45mm. Califiqué y se le concedió una insignia de francotirador. Cuando terminé el entrenamiento básico, fui a Fort Sam Houston, Texas, para el entrenamiento básico de médico 91 A. Después de ocho semanas, me enviaron a Fort Jackson, Carolina del Sur, para empezar el curso de especialista clínico 91 C. Después de ocho semanas, me enviaron a Fort Jackson, Carolina del Sur, para comenzar el curso de Especialista Clínico 91 C, cuarenta semanas de duración. Una vez finalizado, me destinaron a Fort Belvoir (Virginia) durante seis meses y, por último, a Fort Monmouth (Nueva Jersey).

Posteriormente, me licenciaron con honores del ejército estadounidense.

Rangos ocupados

Soldado Clase   Soldado de Primera

Especialista de Cuarta Clase   Especialista de quinta clase

Medallas

Medalla al Servicio de la Defensa Nacional

Medalla a la Buena Conducta

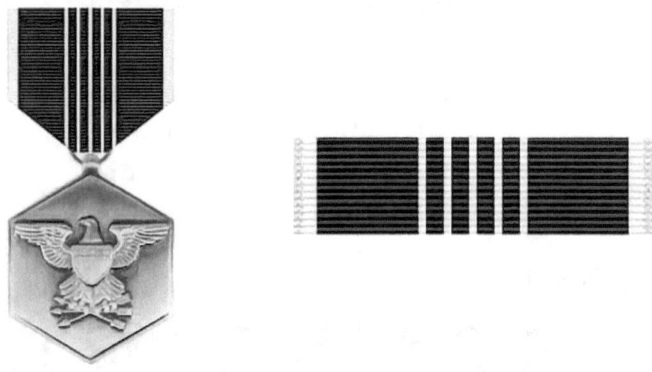

Medalla de Encomio del Ejército

Insignia de Tirador

Insignia Médica de Alistado del Ejército

Capítulo 7

Tras graduarme en Cal State e ingresar en la facultad de Medicina, volví al Ejército como oficial comisionado de la Reserva del Ejército de los Estados Unidos. El presidente de los Estados Unidos en aquel momento era Ronald Reagan.

Realicé el curso de oficiales en Fort Sam Houston, Texas, durante el verano de mi primer año en la facultad de medicina.

Esto me permitió hacer rotaciones clínicas en régimen de trabajo temporal y me pagaron. Hice obstetricia y ginecología, atendí 25 partos, 12 cesáreas y 14 ligaduras de trompas en una rotación de cuatro semanas. Para una rotación de medicina familiar de ocho semanas, me asignaron al Sexto de Caballería como cirujano de vuelo, hice clínica por la mañana, volé helicópteros por la tarde y por la noche, pasé una semana en el sur de Texas a lo largo del Río , practicando para el despliegue en Oriente Medio.

También terminé la escuela de asalto aéreo.

Insignias

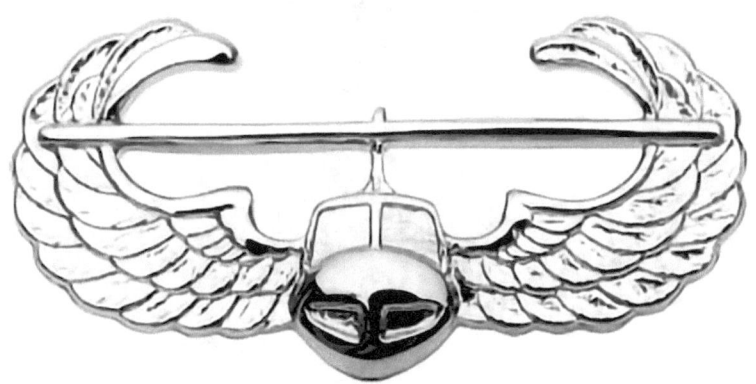

Asalto aéreo

Insignia de vuelo aeromédico

Medallas

Guerra Fría

★★★★★

Medalla de la Reserva del Ejército

Rango

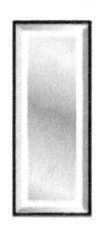

Subteniente

Teniente Primero

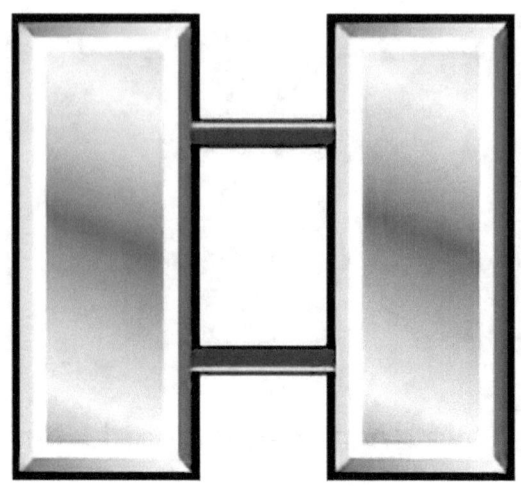

Capitán

Mayor

Insignia del Cuerpo Médico del Ejército

Poniendo todo junto, mis insignias y cintas

Mi paso por el ejército estadounidense fue muy fructífero. Aprendí que, efectivamente, tengo dotes de liderazgo, recibí una formación médica sobresaliente, así como medicina aeronáutica. La recompensa más importante para mí no fue una medalla o una insignia, sino conocer a mi encantadora WAC, Sharon. Ella cambió mi vida y el destino tejió un hilo de oro en el tapiz de mi vida.

Capítulo 8

Gatos

Sharon siempre ha sentido predilección por los gatos. En el libro 1 escribí sobre el gato congelado que trajo a casa para calentarse. Nunca me permitieron tener mascotas en casa; a mi madre le daban miedo los animales. Decidimos que necesitaba compañía, porque yo me iba a audicionar fuera del estado.

Adoptamos a nuestra primera gata, Atria, de la North Texas Humane Society; era una cariñosa calicó. Por desgracia, la perrera estaba infectada con el virus sincitial del rinoceronte, la mayoría de los animales a los que aplicamos la eutanasia. Sharon suplicó al veterinario que la ayudara a salvar a su gatita; le aspiraba las vías respiratorias para que pudiera respirar, le daba tratamientos respiratorios y sobrevivió. Vivió veintidós años y falleció de un derrame cerebral.

ATRIA

ATRIA

Decidimos encontrar un compañero de juegos para Atria, así que adoptó a nuestro segundo gato *Systole*.

La obtuvimos de un criador, que no podía mostrarla debido a una torcedura en la cola. La conseguimos por un precio razonable ya que los Scottish Folds son raros y caros.

El **Scottish Fold** es una raza distintiva de gato doméstico caracterizada por una mutación genética dominante natural asociada a la osteocondrodisplasia. Esta anomalía genética afecta a los cartílagos de todo el cuerpo, provocando que las orejas se "plieguen", doblándose hacia delante y hacia abajo, hacia la parte delantera de la cabeza. Aunque este rasgo contribuye al aspecto único de la raza, a menudo descrito como similar al de un búho, tiene efectos negativos sobre el bienestar del gato.

Originalmente llamado lop-eared o lops por el conejo de orejas caídas, Scottish Fold se convirtió en el nombre de la raza en 1966. Según los registros, los Scottish Fold de pelo largo se conocen como Highland Fold, Scottish Fold Longhair, Longhair Fold y Coupari.

El Scottish Fold original era una gata blanca llamada Susie, que fue encontrada en una granja cerca de Coupar Angus, en Tayside (Escocia), en 1961. Las orejas de Susie tenían un pliegue inusual en el centro, lo la asemejaba a un búho. Cuando Susie tuvo gatitos, dos de ellos nacieron con las orejas dobladas, y uno fue adquirida por William Ross y su esposa, Molly, granjeros vecinos aficionados a los gatos. El programa de cría produjo setenta y seis gatitos en los tres primeros años: cuarenta y dos con orejas dobladas y treinta y cuatro con orejas rectas. La conclusión fue que la mutación de las orejas se debe a un gen dominante simple.

Ross registró la raza en el Governing Council of the Cat Fancy (GCCF) del Reino Unido en 1966 y empezó a criar gatitos Scottish Fold con la ayuda del genetista Pat Turner. Sin embargo, a principios de la década de 1970, el GCCF dejó de registrar al gato debido a la preocupación por posibles problemas de salud, como infecciones de oído y sordera. En 1970, el Dr. Neil Todd, de Massachusetts, que estaba investigando la mutación, introdujo en EE.UU. los primeros gatitos de Scottish Fold. Se trajeron más gatos y el programa de cría del Scottish Fold continuó con la introducción del American Shorthairs y el British Shorthairs.

En 1978, la Asociación de Aficionados a los Gatos (CFA) concedió a la raza el estatus de campeona. A mediados de enta, la versión de pelo largo empezó a ganar reconocimiento. La Asociación Internacional del Gato (TICA) fue el primer registro en reconocer a los gatos de pelo largo para la competición de campeonatos en la temporada de exposiciones 1987-88, y la CFA le siguió en 1993-94.

Sístole

Falleció a los veintitrés años de insuficiencia renal. Tuvimos un breve paréntesis sin gatitos hasta que adoptamos la siguiente camada de un criador de Arkansas "Purrfect Folds". Así llegaron Tyre (orejas rectas) y Kira (orejas plegadas) compañeros de camada.

Neumático

Kira

Ambos fallecieron a los veintiuno y veintidós años por insuficiencia renal. A continuación adoptamos del mismo criador de Arkansas a Skye y Terra Blue, ambas Scottish Folds: Skye, de pelo largo; Terra Blue, de pelo corto.

Skye

Azul tierra

Skye sufrió un derrame cerebral a los dieciocho años. Terra Blue desarrolló un carcinoma de células escamosas en la boca; también tenía dieciocho años. Luego volvimos a adoptar de la North Tarrant Humane Society a dos perros callejeros: Diesel, nuestro primer macho que era muy hablador debido a que llevaba dentro un Main Coon, y Heather, una dulce gatita.

Diesel murió de insuficiencia renal aguda a los ocho años; Heather sigue viva en el momento de escribir estas líneas.

Diesel

Heather

Así que no hemos terminado. En una época tuvimos seis gatos, cuatro cajas para gatos y mucha comida. Cuento entrar en las facturas del veterinario, ya que son atendidos por un maravilloso veterinario felino en Southlake, el Dr. K., en Kitten to Cat Hospital.

La siguiente es Bella, que en el momento de escribir estas líneas ya tiene tres años; la encontramos en un criador local. Nos timaron con un criador en línea que me costó 4.000 dólares ¡y ningún gato! El criador de nuestra zona era maravilloso y muy cariñoso con sus gatitos. Ella está haciendo bien y es dulce; ella se lleva bien con nuestros gatitos más recientes.

Bella

Por último, tenemos las últimas incorporaciones, un par de gemelos Scottish Folds, Heid y Hannah.

Son ya tienen dos años en el momento de escribir estas líneas y da gusto verlos jugar. También son algo mimosos y, como de costumbre, les gusta estar cerca de la gente.

Hannah and Heidi

Ahora ya conoces a nuestro "clan". Le hacen compañía a Sharon mientras yo estoy en la universidad o de viaje por conferencias o firmas de libros. Este grupo será el último; ya tenemos disposiciones en nuestros testamentos para que los cuiden en el regazo del lujo.

Capítulo 9

Cincuentenario

Es difícil creer que llevemos cincuenta años juntos. Nos conocimos en 1973, nos casamos en 1974, y aquí estamos en 2024, cincuenta años después. Se ha informado de que el 33% de los cirujanos están divorciados. Hay muchos factores a tener en cuenta: el agotamiento, las horas de trabajo, la pérdida de intimidad, las tensiones económicas. Tuvimos la suerte de seguir trabajando en equipo. Mantuvimos la risa, el amor y la pasión en el matrimonio.

1974

1989 5º aniversario

1994 40 aniversario

45º aniversario

50ʰ Aniversario

Military Ordinariate
United States of America
1011 FIRST AVENUE
NEW YORK N.Y. 10022

✠

Certificate of Marriage

ALBERT HENRY YURVATI

and .... SHARON ANN CURRY ...... (DONELAN) ....

were lawfully married on the .... 31 .... day of .... August ...., ...1974

according to the Rite of the Catholic Church

at ... Patriot, Ft. Lee, Virginia ...., Reverend .... Thomas David Welch .....

officiating, in the presence of .... Thomas Johns ....

and .... Deborah Governski .... witnesses.

Date ...December 18, 1974

Record No. 281827 ....   _J. F. Marbach_
                                                                    Signature

Sharon tuvo que obtener el permiso de su comandante, y el Departamento del Ejército recortó las órdenes para que pudiéramos casarnos. En aquella época, las mujeres soldados en servicio activo, una vez casadas, podían ser liberadas de sus compromisos. Sharon se quedó hasta que completé mis tres años.

COMMONWEALTH OF VIRGINIA
STATE DEPARTMENT OF HEALTH, RICHMOND

CERTIFICATE OF MARRIAGE

I CERTIFY THAT ON THIS DATE AT Patriots Chapel, Fort Lee, ..., VIRGINIA. BY AUTHORITY OF A LICENSE ISSUED BY THE CLERK OF THE ... District .... COURT OF ... Hopewell .... CITY OR COUNTY, STATE OF VIRGINIA, DATED THE 31st ... DAY OF ... August ...., 19 74 , I JOINED TOGETHER IN MARRIAGE: Albert Henry Yurvati , HUSBAND, AND Sharon Ann Curry (Donelan) HIS WIFE. GIVEN UNDER MY HAND THIS 31st ... DAY OF ... August ...., 19 74

Thomas Da. J. Welch.
(SIGNATURE OF OFFICIANT)

Chaplain (CPT) USA
Catholic Chaplain
(TITLE OF OFFICIANT)

50 años

600 meses
2608,93 Semanas
18262,5 días
26.270.000 Minuto
1.577.836.800 segundos

Y CONTANDO

¡Sí! Es todo un hito. Seguimos juntos a pesar de la interferencia de los Destinos con nuestra salud. La buena noticia es que el hilo de oro que nos une sigue siendo fuerte, y ni siquiera las Parcas pueden deshacerlo.

Capítulo 10

Doctorados

Basándome en mi formación académica previa en el, nunca habría imaginado que a lo largo de mi vida llegaría a tener tres doctorados. Según los datos disponibles, el porcentaje de la con varios doctorados es extremadamente pequeño, generalmente se considera que es inferior al 1% de la población, lo que significa que solo una fracción muy pequeña de personas tiene más de un doctorado.

Incluso tener un solo doctorado es relativamente raro, ya que sólo un pequeño porcentaje de la población alcanza ese nivel educativo.

Las personas con varios doctorados suelen trabajar en campos muy especializados en los que se requiere una investigación exhaustiva en distintas disciplinas. Es difícil disponer de estadísticas precisas sobre el porcentaje exacto de personas con doctorados múltiples.

encontrar debido al reducido número de individuos involucrados.

Así que, en esencia, ahora soy Doctor, Doctor, Doctor o Doctor[3].

Mi primer doctorado, DO, de TCOM, 1986.

Mi segundo doctorado, un PhD, de Northcentral Universidad, 2015.

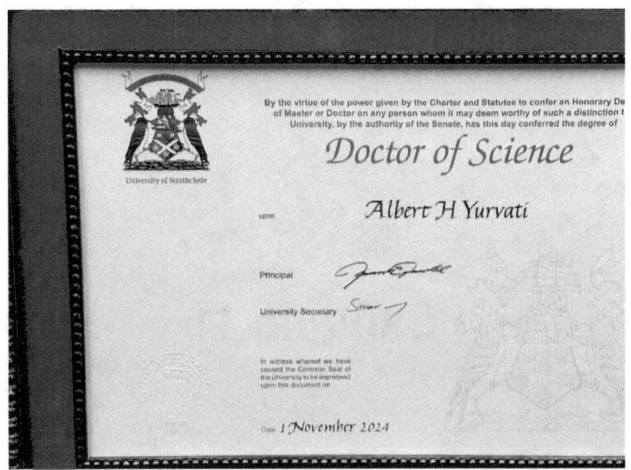

Mi tercer doctorado de la Universidad de Strathclyde, Glasgow, Escocia. Se trata de un título muy especial; entre los anteriores galardonados figuran Nelson Mandela, el rey Olaf de Noruega, varios premios Nobel y directores ejecutivos.

Las universidades escocesas celebran una ceremonia de entrega de títulos. Aún me cuesta creerlo, porque me dijeron: "No eres muy listo". Bueno, ¡supongo que he demostrado que se equivocaban!

Capítulo 11

Firma de libros

Participó en algunas ferias del libro firmando libros y concediendo entrevistas.

La primera fue la Feria del Libro de Londres.

Tuvo mucho éxito: conocí a mucha gente interesante.

El siguiente fue el Festival del Libro de Los Angeles Times.

La siguiente fue la Feria del Libro de Miami, el 20 de noviembre. Todas han sido ferias de gran éxito; quedamos sin libros el segundo día.

Capítulo 12

Seguridad del paciente

Como proveedor, ves un lado de la seguridad del paciente, pero como paciente, experimentas defectos en la seguridad del paciente. Ha habido múltiples errores que podrían haberme costado la vida. Por suerte, como profesionalpude identificarlos e intervenir en mi beneficio. El TCOM del UNTHSC se embarcó en una misión de seguridad del paciente, dirigida por la Dra. Lillie y sus contactos con el Institute of Healthcare Improvement (IHI). Asignamos dos semanas de la rotación de cirugía de seis semanas para un segmento integral de seguridad del paciente que en última instancia condujo a una certificación internacional, CPPS (Certified Professional in Patent Safety). El programa comenzó en julio de 2020 y, hasta el 9 de noviembre de 2024, habíamos certificado a 1.000 estudiantes. Somos la única facultad de medicina a la que el IHI ha permitido la certificación de estudiantes de medicina. Nuestra tasa de aprobación es de alrededor del 97 por ciento frente al.

El índice de aprobados del IHI es del 74%. De todos los certificados por el IHI, hay unos 7.000 certificados por el Certification Board for Healthcare Improvement (CBPPS). Con la certificación, los graduados de TCOM están bien preparados para cumplir con los hitos de Seguridad del Paciente y Mejora de la Calidad del Consejo de Acreditación para la Educación Médica de Posgrado (ACGME). Los hitos son resultados de desarrollo basados en competencias (por ejemplo, conocimientos, habilidades, actitudes y rendimiento) que los residentes/becarios pueden demostrar progresivamente desde el inicio de su formación hasta la práctica no supervisada de sus especialidades, pasando por la graduación. Los residentes son evaluados dos veces al año en función de los hitos.

El Curso de Seguridad del Paciente de TCOM aborda los hitos relacionados con la Competencia Básica de Práctica Basada en Sistemas: Seguridad del Paciente y Mejora de la Calidad. En su primer año de residencia, los graduados de TCOM están demostrando altos niveles de rendimiento.

Actualmente, estamos estudiando los resultados de nuestros estudiantes como residentes PGY1 y su calificación en ACGME Milestones en relación con la seguridad del paciente. La revisión preliminar parece muy significativa; nuestros antiguos estudiantes están siendo calificados en una escala de 5 puntos 3-5. Esto es muy significativo, y esperamos que tengan un impacto positivo en la seguridad del paciente.

Epílogo

Con este libro concluye mi serie. El título viene de nuestro entrenador, el Dr. LBM; teníamos que recitar específicamente al perfusionista: *"2,2, 30 grados, en bypass"*.

Espero que hayan disfrutado de la serie; nos mantenemos, esperando que el mieloma múltiple permanezca quiescente. Estoy contemplando la posibilidad de escribir un libro totalmente distinto: *Novia y cuchillas: Cómo sobrevivir a un matrimonio quirúrgico.* Será una guía para estudiantes, residentes y nuevos cirujanos adjuntos. También estoy preparando el libro *American College of Osteopathic Surgeons 100-Year Legacy.* Soy coeditor con dos colegas. El último libro fue publicado en 1995 por el doctor Ellis Siefer, *The American College of Osteopathic Surgeons: A Proud History.*